푸른 홍시

푸른 홍시

초판 1쇄 인쇄 2018년 12월 23일
초판 1쇄 발행 2018년 12월 25일

지은이 | 송충인
펴낸이 | 김경옥
디자인 | 류요한
펴낸곳 | 도서출판 온북스

등록번호 | 제 312-2003-000042호
등록일 | 2003년 8월 14일
주소 | 서울시 은평구 은평로 194-6, 502호
전화 | 02-2263-0360
팩스 | 02-2274-4602

ISBN 978-89-92364-16-4 03810

푸른 홍시

송충인 시집

온북스
ONBOOKS

이 가을 길 위에

남해의 푸른 물결이 언뚝길 아래를 와서 치면 학교를 파하고 돌아와
마당에서 청마루로 책보따리 날려놓고 단발로 달려가 언뚝 위에 홀라당
옷가지 벗어 고무신으로 눌러놓고 깽물 속으로 잠수탔던 어린 시절.
하늘엔 두터운 뭉게구름이 햇살을 벗겼다 입혔다 반복하는 사이
마주 본 친구의 입술이 시퍼렇게 질려오면 그때서야 돌아와 한바탕
엄마한테 야단맞던 어린 시절

그 여름도 지나가고
온통 도심까지 가을 색이 천지다.
어린 시절도, 한창 회사일에 열중하던 시간도 아닌
도서실에 가만히 앉아 교정본 시집을 펼쳐놓고 이곳
저곳 수정해보는 지금의 시간.
무르익은 단풍을 반사해주는 햇살만큼이나 화사해
지는 마음 된다.
소중하고 소중했던 나만의 시간들
아무도 만질 수 없이 뜨겁게 안겨 든다.

9988 아직은 멀리 있는 듯한 셈
다시 펼쳐올 기대 속 시간들
아름다운 사람들과 행복을 나누면서
감사의 마음으로 시를 쓰며 가리라.
새콤한 햇귤의 신선한 신맛만큼이나……!

한가득 입안에 침이 서린다.

2018-가을 길 다시 나서며
송 충 인

서시

밝았다 어둠 되면
하루 묻어가거늘
누웠다 일어나 듯한 작은 시간 긴 세월
어쩌다 기회 얻어
시를 쓰게 되고 시에 묻혀 살다 보니
시집도 내어본다

갈래갈래 계곡들이 강 하나를 만들듯이
이길 저길 지나온 길들
뭉뚱그려 과거라 묶어보니
어느 갈래길 모퉁이 돌다
빨간 신호에 걸려 한동안 멈춰 섰던, 쓴맛도 있었지만
다시 찾은 푸른 등 따라왔던 길 어제로 이어지고
오늘 여기 왔구나

그래도 잘 찾아 나왔다
횃불 같이든 아내가 고맙고
행복하게도 이제
글쟁이로 남아
손자 손녀들과 글자 맞춰보며 가리라, 그러다
글자들 쌓이면 그 또한 비울 겸
시집 한 권 더 내 보고

세월은 누구 없더라도 무한히 갈 것이고
글자도 영원히 함께 할 테니
어떨 땐
동행의 어깨에 묻어가기도 하고
작은 역사가 되기도 하겠지

차 례

2부 흘러가는 것들은 아름답다

3부 푸른 홍시

4부 하루의 하루

5부 첫돌의 향기

1부

그리움

그리움

보이지도 않는 것이
있지도 않은 것이
보이면서 있는 것
어디 바람뿐이겠는가

사계절 밤낮없이
마음속 조이다가도 사라졌다
불쑥 또 있는 것
바람과 그리움

바람은
창밖에 가두지만
그리움은 이불속에
몸 녹여 기다린다

외로울수록 터질 듯 흔들어대는
잠자리
하얀 밤

그리움
정녕 너는 누구이던가
너 인가 아니면 또 다른 나인가

그대로 두자

머리숱이 적으면 적은대로
쌍꺼풀이 없으면 없는 대로 장점 삼아 멋을 살
리면 될 일
나를 인지하고 지어준 표상들
그대로 지고 가자

벗는다고
겨울이 여름 되고
입는다고
여름이 겨울 아니니

뜨거우면 식혀 먹고
차면 햇살이 데워주거늘
왜들 그리
조급할까

급행열차는 다소 지연될 뿐
언젠가는 온다는 듯이
걷듯 떠밀리듯
느긋하게 하자

촛농이 타서
시간의 궤적이 되듯
우러나는 대로
그대로 두자

누구나 있는
삶의 상처들
지우러 덧칠하다 보면
점점 더 흠집으로 덧나니

그대로 두자
그저 안고 가자
조금만 돌아가자

장군의 목소리

파도에 쓸려와서
포구에 뿌려대는 장엄한 흰 포말
누구의 혼백이던가

바다 한가운데에
푸르디푸르다가
뭍에 와서야 드러내는 속내

'제발 잊지 말라'고
'제발 분열하지 말라'고
소리소리 질러 토해내는 구토

대마도 날아가는 바람결이라도 들을까 봐
땅끝까지 참아온 그 염원
몰아 쥔 숨결이 가슴 차 보이고

사그라졌다가도 다시 일어나
바위든 자갈이든 갯바닥이든
닥치는 대로 구동하며 깨운다

파도에 묻힐까 봐 흔들어 댄다
깊게 잠든
이 땅의 숨길을

"내가 죽었다고 적에게 알리지 마라"는
그 외마디까지 지금
하얀 포말 속에서 파동치고 있다 같이

아직도 모르겠는가
쉴 대로 쉬어 깨져 들리는
저 포말 속의 부릅뜬 목소리를

권력의 미련

웅크리고 앉는다
거들먹거리는 기세에 눈치라도 봐야 할까
아직은 남은 기력이 맵다

눈구름 뽀얗게 장막 덮어씌워
냉동고에 가둬 놓고
사냥감 기운 빠질 때까지 기다리는 사자처럼
억누를 기세

입춘 치는
옛사람 경구처럼
빌려와서라도 한바탕 할 태세

힘 가진 자는 누구나
언제나 그랬듯
가지가지 수단 내걸고

마지막 그날까지 쥐었던 힘줄
그냥 놓아도 될 만큼 누렸건만
그날이 지났는데도
자꾸만 뒤돌아보는

저 못난 근성
정말 어쩌나

비 오는 날은

비 오는 날은 그리운 날
옛 그림자에 젖는 날

소나기는 여름 색을 적시고
우수는 가을비에 운다

음악보다
영화보다 더한
깊고 짙은 과거가 끌려 나와
도. 레. 미. 파. 솔. 라. 시. 도
한바탕 건반이 허우적인다

무거운 저음
숨이 멎은 듯한 고음
끌어 오르는 내면의 소리
부들대는 손짓, 순간 넘으면
정제하는 마음 일어 헹구고

커피잔에 모락모락
아직도 그리움 남아 기웃거리는데
빗소리 잦아드는 뒤편 너머로는
어제의 끝머리 그 하룻날 밤이
밖으로 지고 있다

나는 누구인가

언제나 주말이면
붐비는 예식장
혼주 양편에 도열하는 화환들
출발의 환희, 축복의 언어들은
꽃송이 속에 향기롭다
활짝 열린 표정들

장례식장에 들락거리는 사람들 발길
요일이 없다
검은 리본의 조화(弔花), 입구부터 엄숙한 도열
보낸 이 이름표 들고
무겁게 서서
이별의 애도 침묵의 언어들, 꽃들도 멈춰 있고

같은 밭에 뿌리내려 꽃집으로 함께 왔다
주인의 손길 따라 갈라선
화려한 출발인가 저승길 환송인가

이름만큼이나 다른 갈래

보이지 않은 선택지에 맡겨진
일그러진 일상의 표정들

정해 놓은 시간표에
매달리고

막차 시간에
허둥대고

휘둘리며 맞춰가는
휘어져 달리는 사람들

나는 누구인가
내가 할 수 있는 선택
그 자유는 어디쯤에 오는가

동심이 되고 싶어

밤사이 뿌려놓은
새하얀 눈
우리 아이 잠결만큼이나 고운
첫눈이 왔다

봄 여름 가을
세 계절 엮은 자리에
눈만이 풍경이 되어
새롭게 늦가을 건너더니 무늬 하나 띄운다

까만 밤에 하얀, 아직은 시리지 않은 눈

팔 벌려 하늘 감싸며 맞고 싶은데
아이들 되어
강아지 되어
뛰고 싶은데

미련

4월에
폭설이라니
8cm 춘설이 난 분분하단다

진해와 여의도 윤중로엔
벚꽃 축제가 한복판인데
강원도에는 폭설이란다

겨울 껍데기가 웅크리다 깨어
봄꽃과 충돌 중이런가

못난 소갈머리

계절도 사람도 노욕은 매 마찬가지
자아 망상의 아성에 갇혀 사고를 친다

그저 놓고 싶지 않은 저 편집증
팔뚝에 둘렀던 익숙한 완장만 그리워한다

불타는 금요일 밤

부풀린 욕망이
갈증을 펴 올린다

잠복된 에너지의 분출일까
멈출 줄 모르는 엔진인가

끝 간데 모르게 솟구치며 달구어대는
저 몸짓

아직도 화력의 입구에서만
서성일 뿐

정녕 불금의 밤은
출구 잊은 불의 지대인가

쉼표의 처방전은
언제쯤 발부될지

비 개는 문경새재

낮게 날던 구름이
숲 가지에 걸리더니

산기슭 휘돌아
소나기 걷어내고

이 산 저 산 연봉 잡고
물안개로 분칠하네

어떤 고독

지금 생각해 보니
젊었을 때 아내의 목소리는 온통 따뜻한 걱정
덩어리

오늘은 일찍 들어와 쉬세요
술 좀 적게 들 수 없을까요
잠이라도 푹 자고 나가야 할 텐데
입에라도 뭐 좀 다시고 출근하세요
이번 주말에는
당신 와이셔츠라도 하나 사러 갑시다

퇴직하고 세월 흐른 요즈음
집사람 목소리는 온통 전율의 노동 미사일

오늘도 온종일 집안에만 있을 거유
때로는 밥도 챙겨 먹고 설거지라도 해야지
삼시 세끼는 빠지지 않고… 쯧쯧

요리라도 좀 해 보던지
하는 거라곤 라면 끓이기뿐이고
남들은 부부 여행도 잘도 다녀오던데

잣나무 숲처럼 울창했던 머릿결은
성글어 반백이고
골목 곳곳에 풍부한 먹거리
선뜻 가지 않은 손
지갑 앞에 망설인다
주변을 맴돌다 김밥 한 줄 발라 먹고
나온 뒤태

버스 길이 눈앞이건만
애써 먼 길 돌아갈
지하철 찾아 나서는 고독한 고독

이태원에 가면

이태원에 가면
외국인이 더 많은 것 같다
백인에 흑인 아랍인 외국 관광객까지
붐비는 발걸음마다 주저함 없고
함께하는 외국인이 된 한국인
작은 지구촌 이태원 속 풍경

이태원에 가면
즐비한 외국어 간판
영어, 한자어, 아랍어까지
자국 내 가게처럼 유연하게 드나드는 간판 아
래 그들
틈새에 끼인 신세
한두 개 한글 간판 가슴 졸히고

이태원에 가면
여기저기 들리는 언어
영어 건너, 간판 속의 일상어들
거리 말이 된 듯 자연스럽게 흐르고
간간이 들려오는 귀에 익은 말
어색해진 우리말이다

이태원에 가면
가구 거리가 있다
축제도 열리는 엔틱의 거리
외국 영화에서나 본 듯한 가구들
익숙한 한국가구, 그곳엔 없다
저 빈 의자들 누굴 기다리며 앉아 있을까

이태원에 가면
이슬람 거리도 있다
초등학교 뒤편 언덕길 양쪽 가게는
아랍어 이름표뿐
가게 주인도 손님도
한국인은 안 보인다

이태원에 가면
외국과 한국이 교차되는 곳
눈과 귀 모두가 집중되고
낯선 듯 익숙한 마을
분주하고 활기찬 갈등 지대
이태원 지구촌이다

첫 부임지 설레임 찾아

그리움은 40년 하고도 훌쩍 더 뛰어넘은
저편의 시간
고사리들과 함께했던
그때를 찾아 홀로 떠난 길
통영 벽방 초등학교

첫 부임하는 날은 설렘 속에 다가섰고
겨울 끝자락 부임지는
온통 갈색투성이 풍경 속에
2월의 마지막 햇살만이 논밭에 걸쳐 앉아
파랗게 보리 싹을 익히고 있던 마을 어귀

40년 저편에는 황톳길이었던 신작로도
말쑥한 신사가 되어 돌아왔고
파랗던 논밭은 공장 굴뚝들이 파묻었다
파도 밀려나든 눈썹같이 예쁜 안정 포구 위에 갈
매기 띄워 놓고
조선소 쇳소리가 파도 소릴 먹고 있다

교직원 체육의 날 되면
9인조 배구 네트 내 걸리고
한 판 땀을 빼고 나면
버스표 파는 점방집 뒷방 석쇠에
노릿노릿 익어 파닥대는 노가리 씹으며
막걸리 웃음 잔에 빠졌던
파란 하늘 밑의 넉넉한 추억들

땡, 땡, 쉬는 시간 종소리 따라
형형색색 재잘거림으로
놀이로
뜨겁게 달구었던 꽉 찼던 운동장

소일하듯 몇 명 아이들만이 서성대는데
얼마를 그래 왔던가
벽방산 내려온 바람만이
휑한 운동장을 돌고 있다

그때 그 아이들은 다들 어디로 갔을까
세월이 밀어 올린 중 장년 되어
손자들 재롱 품에 안겼을까

운동장 구석 그네에 앉으니
마음은 회오리 되어 시간 저편으로 몰려가
삼삼하게 밟혀오는 그리움을 어찌할꼬

제자들아 제자들아
모두 나와 옛날처럼 운동장을 가득 채워다오
쉬는 시간 지나도
뛰고 굴리고 공치기하면서
재잘거려다오
함성도 질러다오
보고픈 이들아

그리움은 가슴을 후벼 치는데
벽방산에 걸린 해는
벌써 교정 지붕을 쓸고 있다

그리운 귀향, 그 환상(幻像)

촛불에 덮인 가위 날이
모성과의 끈을 자르면
세상 밖으로
한 생명 시작되고
어머니 없이는
없는 땅
고향

미로 헤집듯
먹잇감 찾아 나선 혼자만의 길 타향 길
아스팔트만큼 단단한
삶의 각질에
목말랐던 마음
한 줌 여유 없이
떠밀려온 연년(年年)들

일상의 속도를 잠시 내리면
보이는 환상(幻像)
창백한 달빛에 실려 드는
바람 속 알갱이들
냄새, 속삭임, 남해의 파도 잔상까지
돌아갈 곳의 마음을 무치고 아우른다
어머니 등처럼 부드러운 능선 길 살아나고

언제나 꺼내 듣는 축음기 마냥
탯줄의 천륜(天倫)이
고스란히 묻혀있는 거기
고향으로 돌아가리

지친 마음 따뜻이 헹구어줄
영원한 쉼표
그리운 귀향

희망

불빛이 사는 곳은
어디든 분주하다
어둠이 두텁게 자랐지만

밀려오는 차선은 흰색 불빛에
달려가는 선은 빨갛게 꼬리 등 매달고
질주 본능의 거리
거칠 것이 없다

신호등 주기만이
오직 제어할 수 있는 간극
몰렸다 흩어지는
질주와 멈춤의 교차

한없이 늘어질 것만 같은
지금은 어둠의 시간
언제 끝날지 모를 그림자만이
타는 속살을 그을린다

두꺼운 그림자 어딘가에 비쳐들 날 머리
오리털만큼이나 가볍지만
일시에 몰려들 새벽이
긴 어둠에 줄을 대고
푸른 신호등 차례를 기다리고 섰겠지

2부

흘러가는 것들은 아름답다

2월에 다시

지난해를 보내고
새해 1월

이것 다짐하고
저것 정리하고
그려 보고 만지작거린 삼십 날

월말께 설 연휴까지 끌어안고
허급 대다
휴무 속에 슬쩍 지나치듯
어리둥절 지나간다

토막토막 갈라놓은 하루하루가
가로로 이어져 일주일 채우고
한 차례도 건너뛸 수 없었던 나날

간다
지나간다
보낸 적도 없는데
그렇게 또다시
만져만 보다가

다시 맞이하는 2월
첫 주 첫날
요일만 새로 입고 어쩔 테냐 바라본다
빈 날 없이 탱탱하다

다이아몬드 꿰듯 찍어 가자
하루씩 보내주는
2월이 되자

3월 바람

살짝 머플러를 당겨본다
여인의 목덜미에 잠시 경련이 인다
스미는 차가움이
처음보다 차츰 시원해져 오는 느낌

우수를 건너온 바람결
본심이 궁금하다
가지 끝 봉오리에 연한 입맞춤일까
맛깔스런 향기 찾아 먼 길 나섬이었나

양지 배기 초록 순 아래
봄볕과 어깨 끼고 졸고 있는 너를 본다
초록 순을 사모했나
길 주소가 거기던가

5월의 산속

산이 걸어 나온다
5월 속으로

숲이 지어준 짙푸른 망토에
풍성한 이파리 가지마다 꾸리고

땅속을 헤집어 출가(出家)한 물줄기는
계곡을 껴안아 휘돌아 내리고

옹벽 타던 칡넝쿨도 팔을 뻗어
숲과 깍지 끼는

숲속은 푸른 숨결로 청아하다

꽃등 켜고 나온 아카시아
활활 향기로 불 지르니

여름으로 가기 위한
분주한 준비 뜨거운 몸짓들

5월의 숲이
붉게 타오른다

가을빛

툭, 처서를 치더니
9월까지 올라탄다
당당하게 여름의 의무가
남기라도 하다는 듯
날 세운 호흡으로 한낮을 데운다

과즙도 올리고 채우기도 해보지만
더 나가지 못하고
멈춰선 한낮
굴러야만 하는 냇돌의 아픔을 들었는가
낮 빛은 열기에 아직도 그대로다

바람이 열어놓은 덩굴 잎 아래로
누런색 둥근 호박의 배꼽
먼발치서도 널브러지게 드러나고

잠자리 날갯짓의 파란 떨림이
작은 물방울 일어 잔주름 호수에 밀면
별빛 베개 틈새로 싸한 새벽 공기
한 점 불순물 없이 포갠다

복숭아 볼 솜털 결에 만져지는
한낮이 두고 간 저녁놀 빛깔
타버린 여름 껍질이
파문처럼 번진다

시간을 지렛대 삼아 굴러가는 마디마다
고분고분한 여정의 틈새들
꿈꾸는 듯한
살짝 가을빛 아닌 게 없다

가을이 내리면

뭉게구름 뒷자리가
조금씩 높이를 재더니만
둥둥 달려 올라간 하늘

새벽녘 잠자리에
꼬옥 껴안은 홑이불보다
당신의 체온이 따뜻하게 그리운 계절

발길 옮겨 머문
과일밭 들녘은
태풍을 맨몸으로 버텨내고

길었던 성장의 긴장을 풀고 있는
분홍빛 가을 살덩이들
가지에 휴식을 안길 시간

이제
여민 마음으로
감사의 기도를 드린다

겨울나무

잎사귀 터진
나목들 사이로
햇살이 빗살 무늬 세워
텅 빈 충만 흐르고

태어난 한 자리 깔고 일생을 지켜내는
우둔의 순교자
바람의 구령을 받들어
지금은 아픈 시간

맨살의 순종
차디찬 묵시의 기도 넘어
둥근 테두리 하나
내면에 기념비 새기고 선 고독

뼛속까지 인내한 욕망
바램의 끝은 무엇인가

생명의 재생을 갈구하는
순환의 성자여

겨울 폭포의 너스레

찬바람 소리 안고 며칠을 뒹굴더니
근육질로 단단한 몸집 틀고서
흐름의 길 헝클어 지우고

꽃잎에 봄 나비 끼듯
찰싹 벼랑에 달라붙어
절벽의 시간을 세고 있다

지난 시간 되새김하는
동안거처럼

움직임도 소리도 죽인
침묵의 너스레

봄볕 싹들이 절벽 찾아 손 내밀면
슬슬 도질 바람기

슬그머니 몸 풀고
봄 개울 따라

마실 떠날 생각뿐인
천연덕스러운 저 연기

계절 속 3월

달력은 봄을 선언했건만
길눈이 어두운가 더디구나

간간이 모습 보일라치면
어김없이 드잡이 당하고

겨우내 피어 놓은 매화에
밤사이 흰 눈을 얹고 영하의 추위로 박살 내는
심술

계산된 욕심인가
아쉬움의 발로일까

뒷거래라도 하려다 토라진 미련일까
화려한 기술로 뒷덜미 채는 겨울

3월은 그렇게
서로 으르렁대기만 하는 계절인가

가는 이 서운하다면 달래는 게 순리
슬금슬금 지기(地氣) 깨우고 햇살 지혜 빌려오자

그러다 그러다가도
심한 고집부려대면

4월을 손짓하여
꽃바구니로 환송하자

그 여름

바다의 소리
파도의 냄새
원색의 유혹 소리 내 지르면
어울림 한마당 축제처럼 일어서고

선글라스 뒤에 숨은
수많은 동공들
해변은
여름을 부른다

수평선 너머 간직해온 사연들
모래톱에 포개면
하이얀 포말 아래 몰려드는
그 여름의 추억들

봄나물 냉이

봄 캐려 나선 들녘 길
긴 뿌리 한줄기로 겨울을 감아
어둔 세상 뻗은 냉이

끝머리 뿌리로 생명선 잡아끌고
헤매고 뚫었던 수직의 세계
또 다른 거친 호흡이었구나

오랜 기다림으로 삭힌 향기
된장국에 풀어내니
입안에 씹혀오는 강인한 숨결

꿀떡 한 사발 비웠더니
툭툭 떨어져 나가는
천막 친 겨울

봄 마루

간밤에 내린 비 보듬고
산들머리 서성대니

가지 끝 기운 차리고
연한 잇몸 우무럭댄다

산자락 천년 사찰도 풍경 울려 소리 내니
승천할 꿈을 깼나 진달래 꽃술에 부딪혔나

시리고 앙상했던 껍질들
봄비 따라 봄 내린다

봄의 입김

동지가 가니
대한도 나가고
서서히 빠지는
겨울 물

조금씩 차오르는
햇살 입김 사이로
빨랫줄도
얇은 나래를 친다

물기도 색깔도 지워진 민낯에
새 얼개를 짜는
숨 고르는
광야

가볍고 엷은
보푸라기 힘으로
올리며 불러대는
연가에

달아오를 생명이
흥건히 고여들
따뜻한 품

저만치
봄이 서린다

여름 2제

1. 기록경신 100년 기온

짙은 초록 그늘도
넘어선다
절정을 모르는
승부사의 기질

승수 보태기를 즐기기도 하는 듯
100년 기록 따돌리고
끝 모를 돌파
욕망은 꼭짓점만을 향한다

2. 국지성 소나기

여름 권력의 한복판에
순식간의 전광석화로
권좌 꿰차고
천하를 멈춰 세운다

삽시간에 계곡물 불리고 하얀 발톱 드러내
바위 만날수록 더욱 솟구치는 괴력
너는
거친 야생마

한 여름 숲속

숲속 골 작은 물줄기는
바다의 꿈을 꾸고

산 제비 새끼는
창공에 날갯짓을 그린다

잣나무 숲이 바람에 걸려
무리 지어 흔들릴 즈음

뒤따르는 구름을 따돌린 햇살 덩어리
통째로 땀방울을 쏟아붓고

드넓은 숲속에 점처럼 박힌 매미들만이
2주간의 짧은 생애 한탄이던가
녹색만큼이나 짙은 소리를 내 지른다

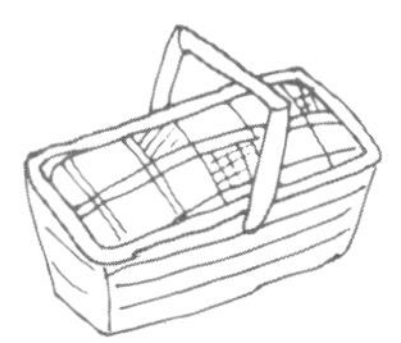

흘러가는 것들은 아름답다

지나간 세월은
아름다운 것
건드리면 톡 터질 듯해도
추억의 끈에 단단히 묶여 있고

한 줌 풀라고 치면
이내 아스라이 감흥에 흥건히 젖어든다
고여있는 흔적, 곳곳에 붙어 있는 이야기들
그러기에 흘러가는 것은 모두 그립고 아름답다

어떤 것은 아프지만
아프기에 아름답고
젖은 벽보처럼 바랜 건
바랬기에 꺼내고 싶은 것

흘러가는 세월이 없었다면
항상 거기에만 머물렀다면
사진첩 같은 아련함도 없었을 것
추억이란 말도 없었을 테니

밤하늘 별이 되어 또 다른 밤을 기다리고
지난 세월 모아진 마지막 일기장을 덮을 때
먼먼 그날
많고 많던 아름다움이 영원으로 묻히겠지

3부

푸른 홍시

꽃 세상 4월

쏘아 대던 3월 바람
주춤대는 사이
예열된 햇볕에 힘살이 올라

양지만 찾던
봄기운이 이곳저곳 엉덩이 들고
휘젓는 통에

산수유에
개나리가 꽃 그물에 걸려들고
벚나무 밑동마저 불난 듯이 흔들어 댄다

갈색 산속까지
진달래가 지천이니
4월은 꽃의 산천이 된다

라일락 향이 보라색 바람을 꾸리는 사이
돌담 민들레는
유치원 고사리들 발목 붙들고
옹기종기 옹아리 호기심에 살짝 귓속을 연다

동백꽃의 낙화 앞에

많은 시인들이
참으로 사랑한 동백
꽃 색깔을 가져와 마음을 입히면
불속이라도 뛰어들 열정이 일고

그러다
진홍빛 영혼이 모가지 채 떨어져
통곡으로 뒹구는 널브러진
동백꽃의 이별의 순간을 지켜보노라면

'차라리 굶어 죽을지언정
끔찍한 죄는 짓지 말라'던
옛 어른들의 말씀, 귀 흘리고
사형수의 회한은 언제나 뒤늦게 오고

그럴 게 아니라
이참에 이렇게 함이 어떨까
교도소의 담벼락 안을 둘러 동백을 심자
회색의 가림막을 늘 푸른 희망의 질감으로 바
꾸게 하자

수인들의 작업시간에는
동백나무를 가꾸고
이른 봄 동백꽃이 질 즈음엔
꽃의 낙화에 해감을 갖자

신음하는 최후의 처절함
생명의 존귀함으로 숨소리 바꾸면
본능적인 애정, 몸속에 되살리고
열정이 영글어 희망이 자라나는 대한민국이 되
게 하자

민들레

누굴 기다리다
길섶에 자리했나

무슨 사연에 아파하다
길손의 넋이 됐나

떠난 님 못 잊어
길섶에 풀썩 앉았다

님의 숨결 느꼈는지
언 땅속을 헤집더니

소리 없이 피어난
깜짝 민들레

벚꽃

벚꽃은 불꽃놀이
우당탕
꽃 터지고

쳐다보는 사이
흩어져 가는
환한 뒤태

벚꽃의 다비

질량을 벗고 구르는 공간
꽃잎의 춤사위로
수천 개 날개로
육신을 버리는 비움의 기도
바람의 나비가 된다

발레리나의 몸짓을 익혀
허공을 탐미하다
인연 찾아 뿌리로 떠나는
한살이 다시 채울 시작점
빤짝 축제를 연다

사과

한 뭉떵 베어 물면
좌르르 빨간 물 터져
잇몸을 문지르고 뚫을 것 같은
과즙의 풍미

붉게 타고 싶다고
붉어지는 것은 아니다

햇살 끌어안은 봄날의 애무
입덧 끝에 태양의 물 한껏 빨아 마실
긴 동거의 계절

장난끼 많은 바람 품고
심술도 받아
토닥토닥 재우면서 꼭지의 단단한 끈 만들어
절절한 농부의 마음도 달아준다

너가 있었기에
뉴턴 따라 과학 속으로 들어가
그리움 끌어
사랑의 행복감을 안았다

멍석 깔고 누운 고추가
초가지붕 따라 빨갛게 올라갈 때면
아침부터 사과밭도 노을 물 천지

망망한 바닷길 넘어
육지에 맞닿아 털어내는 포말의 신비마냥
파란 덩이 둥글게 찌워가며
시간 속에 산화시켜 얻어낸
붉은 발효
광주리 가득 계절의 여제가 된다

가을이 아름답다

그리움

별밤이 품을 열면
반겨오는 숨결 소리
응석도 받아 주고
안아도 주고 싶다

혼자 있는 밤이면
곁에 와 턱 고우고
이불 속 파고들며 어둠을 더듬다가
밀쳐도 자자해도 말만 걸고 속태운다

호숫가 새벽 안개
구름 내리듯 만나더라도
아침 햇살 밝으면 못내 자리 비우는데
한번 온 그리움은 가실 줄을 모르는구나

임이시여
어찌하여
당신은 오지 않고
그리움만 보냈는고

서촌 술래잡기

인왕산 저녁노을 내려와
수성동 계곡물에 허우적거리고

뒤뜨락 굴뚝엔
저녁연기 살아 오르면

조랑말도 나리님도
쉬어가는 하루

청사초롱 처마 따라 내걸리는
평화로운 저녁이 이울던 한옥들

근세기 아린 세월에 밟혀
비에 젖은 폐지처럼 영혼까지 찢기여

골목으로, 양옥 그늘 밑으로 웅크린
술래잡기 신세
보일 듯이 나타났다 다시 숨는
술래놀이 서촌 한옥

돌아 세월이 봄꽃을 다시 피우듯
위리안치 같은 골목길, 양옥 그늘에 빌붙어
방황했던 세월이 끝났음을 허하노라

나오라 가슴 펴고 나와서
화려했던 문양들, 600년 지녀온 지혜를, 곡선
미까지
익숙했던 묵힘을 춤추듯 보여다오

반기노라 온 지구인이
두 눈으로 담기엔 차고 넘쳐 카메라 들고
너를 향해 오고 있다

나오시오
당당히
대로로 걸음 하시오
군자는 대로 행이라 하지 않았던가

소나기

습기 머금은 구름 띠
분노의 질주인가

검은 장막 둘러치고
점령군처럼 뜨겁게 달구더니

일진광풍 한줄기에
팽팽했던 긴장을 터트린다

부풀던 먹구름 우려내는 소리
우두둑우두둑 여기저기

조자룡 헌 칼 쓰듯
무소불위 휘젓구나

주춤대던 주변이 온통
쫓기는 강아지처럼 분주하다

신록 곁에 서니

아기 잠꼬대 마냥 꼼지락대더니
살며시 실눈 뜨고 소리까지 낸다
연한 입술을 열고

보일 듯 말 듯 맺었던 봉오리
수줍은 듯하다 설렘으로 부풀고
지켜보는 재미도 더 해진다

주말에 내려 준 봄비가
가려웠던 눈까풀을
비벼 주었나 보다

연둣빛 팔걸이가 출렁거리면
바람이 그늘의 흔적도 만들고
떠돌던 빙하처럼 갈색 아래 묵혔던 깊은 욕망

6월이면 짙푸른 녹음 만들고
그러다 10월 오면
석양 색을 입혀 감동을 주겠지

순환의 먼 여정까지 그리며 나타난
신록의 귀환
신혼 살이처럼 부풀은 마음 더하고

진정, 오는 가을은
얼마나 더 넉넉하고 토실해야 할까
출발, 희망, 기대, 결실의 언어들 품었으니

모두를 모아 쥔
신록 곁에 섰기에
한껏 더 가슴이 뛴다

아카시아 꽃

산벚꽃 버짐처럼 번져 간 산마루에
새순 돋듯 떠들썩하게 초롱 들고 모인다

숨은 듯 퍼지는 하이얀 꽃 등불
오월의 신부 된 양 숲속에 비춰들고

해거름 마을 어귀 초승달 전송하면
여기저기 꽃등 들고 불꽃처럼 터진다

꿀벌을 유혹함인가
향첩(香貼)을 품었던가

봄꽃에 몸 푼 벌들은
익숙한 몸부림으로 향기 속에 분주하고

머잖아 밤꽃이 긴 꽃술 피워 내면
달빛에 다비식 치르고 열반으로 들어가리

코스모스

쏘옥 마음에 드는
구름 이야기 듣는다

길었던 지난여름
한 점 조각 띄웠더니
느릿느릿 가라고 바라보는 눈빛들

장대 같은 소나기로
누운 더위 후려치니
뉴스마다 단비라고 칭찬하는 마음들

그가 떠난 그 자리에
바람 자국 흔들리고

가는 목을 가누면서
파란 하늘 붙잡네

푸른 홍시

새싹 연하게 나와
잎 먼저 피우다
4월 맞아 미색 꽃잎 내뱉고
초록 몽우리 세운다

실에 엮어 목걸이도
누나 팔찌도
간식 먹거리로도 내밀어준
감꽃의 잔잔한 고리들

꽃잎이 두고 내린
짙은 녹색의 마음,
후두두 초록비 품어
설레임 안고

지워지지 않을 일기장 속내
언제나 푸르고 싶은 열망

다 털어내는 계절 오면
가을 색으로 탈색하고
초록빛 홍시
홍시는 붉다

길 나갔다 돌아오는 마을 어귀
풍광 앞에 서면
주렁주렁 눈 속에 잠겨 드는
가을 향기

겉은 빨갛게 물들어가지만
마음은 언제나 푸른 꿈을 그린다

한강

한강이 흐른다
긴 여행길로 물결 가방 밀고 떠난다
햇살도 바람도 담아 넣고
푸른 바퀴 밀며 간다

봄비의 속살이
강물에 입맞춤하면
열렸던 몸속으로 하나 되어 섞인다
점점 가방도 부풀려져 자라고

전하고 싶은 것
가지고 가야 할 것은 모두
챙겨 넣고 떠난다
배달부처럼

천 삼백 리 강안(江岸)의 태곳적 편린들 모아 붙
들고
물길 끝에 있을 바다와의 만남의 상상
꿈, 대화 그 무엇까지도 안고 쉼 없이 물살을
민다
멈출 수 없는 욕망의 바다를 걸머지고

화담숲 단풍 엿보기

부드러운 새벽안개 쌓였다가
보자기 풀린 이파리들
높게 뜬 하늘에 자기들 멋을 비춰댄다
푸른 하늘은 거대한 거울이 되고

어디서 왔을까
어디서 시작하여
어디로 가기에
이렇게 참 고운 자태로 나들이했을까

가을은
자기들만이 품을 수 있고
자기들만의 세상인 양
때로는 거만하게
때로는 부드럽게 준비된 몸놀림이다
보란 듯
계곡물 소리 붙잡아 놓고
바람도 잡아 바람이 된다
오 가을의 신이여
어디쯤에서 미소 짓고 즐기는가

재촉했던 봄의 손놀림
예견했던 풍광들
완성이라도 하듯
응낙이라도 받아낸 듯
질펀히 펼쳐 낸다
볼 수 있는 자들에게
더 이상 아름다울 수 없다는
아 찬란한
가을빛 산속 오케스트라의 탄성이여

이 순간만이라도
붉은색 이파리 달고
한 그루 연리지가 되고 싶다

4부

하루의 하루

24시 편의점

24시간 살아 있는 지대
태어났을 뿐 한시도 눈 감은 적 없어
늙음도 나이도 없다

주 52시간의 아픔도
최저임금의 그림자도 지워야만 하는 회색지대

24시간, 365일 그리고 영원히
살아있는 오늘

남이 가지 않는 길을 골라
주변은 잠들어도
세상 앞에 호올로 맑은 은색
형광빛 내고 섰다

때를 놓쳐 허기질 때
간편하게 편의점

카페가 아니라도 구수한 내림 커피
입맛은 그대로 저렴하게 편의점

늘어나는 나 홀로족의 싱글 라이프 챙겨주는
혼밥 주방 편의점

젊음도 넘어서는 입맛, 거기서 다
충족하는 편의점

택배나 공과금 납부, 은행은 문 닫아도
생활 편의 24시 서비스로 편의점

혼술, 혼밥상 차려지고
후식거리 갖췄으니

식당이 아니라도 식탁이 되고
마트가 아닌데도 찾는 건 다 있다

가로등인 양, 때론 경찰처럼
밝혀주고 지켜주는 날지 않는 동네 텃새

느낌 없던 세대들도
느낌 익혀 들락날락

CCTV

파고드는 어둠이 빛들을 먹어 치우는 밤
살아 있는 생물
골목의 파수꾼은
밤낮이 없다

망나니처럼 치근대는 비바람
언제 어디서나 훼방꾼은 있는 일
잠시 흐려질 뿐 되돌아
놓치지 않는 길눈

사물의 거리는 그림자 길이로 간을 보고
한 번쯤 풀어질 듯하지만
깨어 있는 위수 지역
아픔도 기억해내는 날 세운 지킴이

때론 *베키오 다리의 연인들처럼
수줍은 사랑
살짝 엿보기도 하지만

너의 응시
너의 영지
잠들지 않는 눈

너를 기억하는 것만으로도
밝아지는 세상
거기엔 생명이 다니고
건전 사회가 자란다

* **베키오 다리** : 단테가 베아트리체를 만난 이태리 피렌체의 아르노강에 있는 "연인의 다리"

공중전화기

1

비가 오나
눈이 내리나
있었던 자리 거기
시가지 중심 사거리 변에 터 잡고 선
철문 속 권력
거리의 지배자 되어

숱한 희로애락 언어들
그 입과 귀를 빌려야만
사연이 되었던 사연들

몰래한 비밀의 쫄깃한 입속까지
고스란히 챙긴
화려한 다이얼

2

오늘 아침
신도림역 구석에
쭈그려 초췌한 너를 본다
당당했던
철제 좌대는 어디에다 두었는고
간당간당 통로 벽에 걸려
숨결마저 가쁘구나

거대하게 몰려드는 휴대폰 뒤 물결
무관심해 놓친 건가
애써 외면했던 건가

3

달리는 자동차
바퀴 갈아 끼듯이
새 세력 밀려오면
권력도 언젠가 밀려나는 법

놓쳤구나

초라해진
너의 길은
또다시 어디로 가야 할까

어디 너뿐인가 만은

광장

언제나 군중이 있는 곳
편안하게 거닐기 좋은 탁 트인 공간이다
서성일 수 있고 따뜻한 햇살이 지나는 길목이
기도 하다

너와 나 구분 없이 심호흡도 할 수 있는 휴식이
있는 너른 쉼터
시원스레 도심을 연결해 누구나 쉽게 찾을 수
있어
만남이 있고 교류가 살아 있는 장소

그러다
이슈가 터질 때 공간은 빠르게 변하며 뜨거워
진다

어느 날은 별빛처럼 촛불이 반짝이며
어둠을 모으기도 하고
선동된 함성이
폴리스라인을 깨뜨려 긴장을 만들기도 하고
과시의 힘이 넘쳐
힘줄처럼 굵고 선명한 분노의 전시장이 되기도
한다

광장의 분노는 때론 모순도 낳지만 이미 한차례
지난 뒤에 발견되고
그 모순은 어제의 함성에 함몰된 채 전파와 인
쇄에 올라탄 전달력은
세찬 휘발성을 지니고 폭발적으로 부풀려져 나
른다
대답해야 하는 자야말로 겁먹고 도리어 초라해
보일 뿐

광장은
큰 힘을 지녔다
사람을 모으고 함성을 일으키고 기자들을 모이
게 하지만

광장은 또한
만족 없는 현실에 절망하고 분노하는
고립된 섬일 수도 있다

광장은
그렇게 열렸다가
불꽃이 사그라들면 닫히고 만다
쓰레기도 낙진처럼 어둠 속에 흩어지고

청소부의 수고스러움이 한차례 지나면
다시 조용해지고
텅 빈 공간으로 되돌려져 새날을 맞지만

한동안 세상은 붉게 탄 알갱이를 전시해 놓고
새로운 삽바 잡기로 모래판에 선다
함성의 뒤끝을 잡고 말이다

김밥

겉이 검푸른들 어쩌랴
백두에서 한라까지 거쳐 온 우리의 정맥이
한반도 삼면에 면면히 고여 이었으니
우리의 색깔이요 얼일뿐이니라

그 얼로 도포하고 말아 쌌으니
응축된 오방색(五方色)은
다툼 없이 가지런히 녹아 영양을 채웠노라

산하 어디에든 신문지 한 장 펴면 식탁이 되고
불룩 배 없는 날씬한 일자는
우리의 체형이요 영구한 몸이니라

밥 따로 국 따로가 어디 있니
떨어질 수 없고 갈라설 수 없는 영혼들

이 땅을 가꾸고 식구를 늘린
엄마의 거친 손에 눌러지고 토닥이어
한몸이 되었노라

영원한 한몸 말이다

모래톱

부서지면서 만들어 가는
끝없는 세월의 테두리

바람에
물결에 몸 내맡기면

파도는 살짝
깊은 해심(海心) 올려놓고

바람은 사구(沙丘) 타서
몰래 마음 찍는다

순응의 시간 띠를
바보처럼 안고

그렸다,
지웠다

천년 세월
어제도

천년 세월
내일도

품은 듯
담은 듯

노을 비늘처럼
간증하는
여린 그림자

선풍기를 닦으며

다시 꺼내는 선풍기
박스 겉면에 붙은
지난 시간이
벌써라는 느낌으로 먼저 온다

갔다가
한 바퀴 찍고 온
풋풋한 1년의 새김들
퍼드덕대며 솟구친다

오붓했던 제주도 가족 여행
바람에 자유로운 오름의 억새들 사이로
공기처럼 퍼져가는 가을 시간 뒤에
서귀포 시장 흰색 넙치의 식감은
지금도 입속에 살아 뒹굴고

하얀 눈밭 산행
태백 능선 칼바람의 땅, 극한의 정상 찍고
사찰 담벽 아래 쪼그리고 앉아
떨면서 마신 컵라면 국물의 목 넘김
온몸을 따끈하게 다리미질하는 사랑 같은 거였다

차디찬 겨울 속에서는 도저히 동의될 수 없었던
어마어마한 패를 꺼낸
봄
상상 아닌 현실이 되어
흐드러진 꽃 사태 피우더니

돌아 다시 선풍기라니
한껏 에너지 부풀리어
100년 이래 최고라던 지난해
곳곳에 더위 틀 부수고 긴장시킨 온도계의 공포

조심스레 날개를 닦아 본다
식구들 거친 숨길
아직도 살아남은 땀 냄새까지
전율이 되어 돋아 친다

금년에는 좀 편하게 해 다오
가까이 말길
제발 빈다

불가근(不可近)불가원(不可遠)

손선풍기

2018년 7월 30일
장마도 일찍 지고
주변이 헐떡거린다

20일을 넘게 40도를 넘나들더니
바람결도 지워져 버리고
이상한 비의 침묵까지
날름거리는 더위의 혓바닥에 겁먹고 *땡 뉴스다

익어가는 한반도를 건질 셈법은 무엇인가
두렵지만 태풍을 기다리는
인간의 상반된 속성

선풍기가 걸어 다닌다
폭염이 만들어 낸 손선풍기
도심 거리가 온통 바람을 일으키며 돌고 돈다
지하철, 버스 안까지

음료수는 손사래 쳐도
선풍기는 묵인하는 기사님

손에서 바람이 분다
더위가 쥐여준 손에 든 바람
부채를 밀어치고 꿰찬 마술사
장풍(掌風)이다

바람이 바람을 일으킨다
예사롭지 않은
손안에서 부는 돌풍이다

* **땡 뉴스** : 땡, 정각 시각 울리고 시작되는 방송국 뉴스 첫머리라는 뜻

아 알프스

차갑고 시린
바람만이 살아남아
추위가 되는
극점

파란 하늘이 내려와
웅크려 보듬어 만년
빛이 되고
하얀 보석이 되더니
동화도 속 이야기로 남는다

6개국 유럽을 깔고 앉아
품어내는 넓고 큰 기운
신들이 머무는 성지
동력마저 멈춰 서고

알프스의 지붕은 어디던가

눈으로 밟혀 드는 雪山, 모두
거칠은 뼈다귀 거느린 山脈, 모두
山. 山. 山, 峯. 峯. 峯,
雪峯의 바다

절제된 배려인가
만년설 숨결 흘려, 하류 이으니
아랫목 계곡들 깨어나
호수를 머금었다

중턱 너머까지 차오른
초록 양탄자 위로
젖소들의 한가로운 풀질

곁으로
느릿느릿 지나가는
시간

평화스러운
초원의 여유에
알프스의 푸른 젖이 자란다

연등을 올리며

부처님 오신 날
봉축 법요식에 함께 합니다

향을 올립니다
등불과 차를
꽃과 과일을 차례로 올리고
한 톨의 쌀에
중생의 공덕을 지어 올립니다

나와 남이 하나가 되는 경지
내면의 세계

지은 죄업 허물고 싶어
간절한 바람 담아
부처님 목욕시키고 바라본 하늘
구름 한 점 없는
푸르디푸른 청색 하나인 창공

뒤돌아본 도량은 야단법석
형형색색의 불자님 행렬
무슨 염원 줄을 쥐고 줄지듯 모였을까
합장하는 손바닥에 어른거리는 소원들
부처님으로 행하고

깨달음 얻지 못한
중생들의 어리석음
죄업 씻으면서
또 다른 욕심 싹트니
이 마음 어쩌랴

부처님 전에 큰 가피 내리길
다시 손 모읍니다

어두운 번뇌에 가려진 지혜 찾으렵니다
마음의 빗장 열어 탐, 진, 치에 벗어나렵니다
참 나를 붙들도록
연등을 올립니다
마음의 등을 답니다

이슬

하늘 받히고
밤을 건너
까맣게 어둠이 태운 맑은 방울

밤이 갈고
새벽이 닦아 빚은
시린 속 까만 순정
그리움의 눈빛이다

살짝 건드리면 왈카닥 가슴속에
쓰러질 것 같은 여린 연정

햇살 밝아 수줍어
설레임 숨겼다가
까맣게 어둠 두르면
꽃잎을 틔우고 온 바람결 향기보다 맑은
순결한 영혼이 되고

동녘이 밤을 씻어내고 신 새벽 틀어
아침으로 가는 길 헹구어 오면
뜬눈에 지은 하이얀 그리움 찾아

풀잎 반지로 청아한 방울로
영롱한 아침 빛 꿰고 초롱이 된다

종이비행기

접고 접은 마음
또 접은 간절함 채워
종이비행기

쌓인 정 모으고
차마 못 한 목마름까지
담고 나니

무거울까
빼야 할까
날기라도 할까

넘겨보고 가려봐도
덜어낼 것은 없고

그러는 사이
애련(愛戀)만 더해진다

책 소독

도서관에 책을 대여받고 나오는 순간
우연히 눈에 띈 책 소독기
어! 책 소독기도 있었구나
흥미 반 애써 사용법을 찾아냈다

그렇다 너가 소독돼야 한다
온통 어지러운 세상 바라는 건 넌데 너까지 오
염되었어야 되겠니
먼저 깨끗해져야 혼탁한 세상이
밝고 맑아지는 법
시대의 마지막 보류잖아

1998년 생년(生年)이니
20년 넘게 수 없는 지문을 덕지덕지 안고
서가에 매달린 잡동사니 먼지뿐 아니라
이 풍진 세상 넘어오면서도 얼마나 덮어썼겠는
가

어디 한번 툴툴 털고 샤워라도 해 보자
시간이 만든 긴 흔적도 바이러스도 말 못 할 고
뇌도
이참에 날려 보내세

책장을 펼쳐놓고 3분을 누르니
파르르 떠는 책장들
바느질에 꿰인 실이 옷감을 기워 가듯
할머니 바늘만 한 가느다란 주사기 한 방이
독감을 걷어차는 예방 접종을 하듯
3분을 삼킨 자동기는
탈신의 소리를 지른다

깨끗해진 몸으로 세상을 알려 깨우자
언론사 윤전기도 전파매체 외부 발송 기기도 집
어넣고
국가의 미래는 침묵하는 교수, 종교인, 시치미

떼고 앉은 사회지도층 등 지식인
당리당략에다 개인 욕심에까지 함몰된 저 우람
한 돔에 계시는 분들
광장의 촛불과 태극기를 들게 한 분들
이 나라 민초들의 함성에 온몸을 씻고 소독하
게 해 주소서

몇 년 동안 그 자리에 있었던 책 소독기
모를 땐 안 보였던 것이
알고 나니 갈 때마다 있구나

하루의 하루

그랬듯이 늘
여명이 하루를 깨워주면
서로 다른 분주의 시간들이 틀을 연다

생선가게 앞치마 비린내 살아나고
일용직 아저씨 신발 끈 먼지도 새벽부터 일어선다
쉼표 떠난 눈망울 엘리베타 안에 깨어나 표정 짓고
시장길 모퉁이에 부지런한 할머니 손가락 옹이는
도라지 껍질 쥐고 먼 세월 돌아와 앉았다

다양한 나무가 숲을 지어놓듯
하루에 걸려 돌아가는 여러 조각
훌쩍 저녁 TV는 오늘 속 목록들을 체급별로 쏟
아낸다

온갖 세상 냄새 퍼뜨리다
뉴스도 마지막 시간대 지나면
하루 기력 쇠해지고

천막 같은 어둠이 꽁꽁 사위를 가둘라치면
뒤따르는 시간은 빗장에 갇혀
비워지는 하루

채 여물지 못한 속내 잠들지 못하고
절절대지만
남은 어둠은 새벽의 둥지

따로 찾지 않아도 오는
그래서 내일이 있는 건가요

하이델베르크의 방치된 고성(古城)

미세먼지 같은 하늘색
그래도 네카강만은 하이델베르크의 낭만을 만
들고
다리를 얹어 [1)]철학자의 사색을 이끌었다
비탈진 산턱에 옛집으로
살아있는 고성(古城)
누더기 된 몸으로 그때를 말하고 싶어
홀로 깨어나
온몸을 비벼 꼰다

태어나 400년 넘는 동안
30년 종교전쟁에 헐벗기고
또다시 2차대전의 상흔까지 안았건만
한 번의 치료도 없이
무너져 내린
내면의 속살들 그대로
검붉음 움켜쥐고 지쳐 살아남은 세월

처절한 폐허로 야생이 된 채 고독하게 앉았구나
철학자처럼

화려했던 왕들의 허기진 욕망은
[2)]포도주 통에라도 녹아들었겠지만
깨지고 터진 입술
누더기 살냄새 그대로 안고
울컥하는 서러운 마음 그림자 오죽 했으랴

허물어진 얼굴이 아름답다
으스러 무너지다 서로 받혀진 모습들이
차라리 너답기에
이방인들 카메라는
터져 흐르는 피투성이 같은 상처 부위에만
셔터를 들이댄다
손대지 않은 그대로가
그때의 모습 화석이기에

얼마만큼의 세월을
길게 더
외과수술 없이 버텨 낼 건가
디뎌온 걸음만큼 400년이런가

허물어진 모습
미학이 된 폐허의 묵힘이
상상력을 적셔내기에
진정 나도
너를 찾는
이유 같지 않은 이유로
네 앞에 섰노라

1) **철학자의 사색** : 하이델베르크는 독일의 대학 도시로 세계적인 철학자나 시인들이 이 도시에서 학생 또는 교수로 활동하였으며 칸트, 헤겔, 괴테 등이 즐겨 산책하였던 "철학자의 길"이 네카 강변 위쪽 숲속에 있다

2) **포도주 통** : 폭 7m, 길이 8.5m, 22만 리터의 술통으로 왕은 술통 위에 테라스를 만들어 그곳에 앉아 제후들과 함께 포도주를 즐겼다고 함

5부

첫돌의 향기

그리움

살포시 벗어났다
다시 가려지는 구름 속 달그림자 마냥

꼼지락꼼지락 꿈틀대는
묻었다가도 꺼내고 싶은 절어진 속내

돌처럼 짓눌러온 되새김 나날
너무 가까이 있기에 볼 수 없는

혹시나 눈치챌까
두렵기도 했지만

아련함 그려보는
가슴 뛰는 환상

태양 뒤에 숨었다가
밤에만 돋아나는 이슬인가

내 맘속에 웅크린
그녀 그림자

한몸이면서
한몸 아닌
나, 너

몽환의 하루 여유

물레방아 바퀴에
걸려든 냇물처럼

일정에 끌려가는 하루들
하루 이틀이 어물쩍 한 주가 되고
훌쩍 한 달이 마지막 줄 칸에 걸려
또 다른 달이 꾸무럭댄다

매인 일정의 순환
숫자에 박혀
빼곡히 달력만 채워 어지럽다

친구야 하루쯤 생각을 풀자
분주에 허덕거리는 하루를 끌어내자
하여
마음 여행이라도 떠나나 보세

가득히 채워진 하루 담아
챙겨 메고 떠나는 여행
먼 산 구름 자락 눈에 와 감기니
상상의 나래는 구름 속에 묻힌다

바람결 잡아놓고
구름 떼어 시에 넣으니
해거름 햇살은
노을 길을 두르구나

즐겁고 여유롭다

어허라 친구야
저녁 길 여유는 술잔 속에 찾자구나

오늘은
무슨 생각으로 이 술잔을 맞드는고

놓을 건 내려놓고
안은 생각 비웠더니
너가 있고 나도 보여
이 잔 속에 다 있구려

비에게 보내는 편지 - H.J

눈 맞은 대지는
오염을 살짝 백의로 덮지만

비 맞는 대지는
오염을 쓸어 지운다

마사지 받듯
온통 비에 매달린 하루

지금 내리는 빗줄기에 무슨 사연 끼였을까
누군가의 슬픔을 안았다면
주룩주룩 씻어다오
짓누른 가슴팍 아린 먼지 쓸어
텅 빈 공간
제 모습 찾게 해주오

지금 내리는 빗줄기에 무슨 사연 깃들렸을까
누군가의 기쁨이 배였다면
주룩주룩 뿌려다오
타들어 가던 마음 다시 영글어
빈 가지 토실하게
환희를 찾게 해주오

지나간 자국
따뜻한 품의 입김 받아 모아
메우고 지워서 내일을 자라게 하소서

생명에 입김을 넣는
순환의 전령이 되소서

살풀이춤

무슨 염원 기원할까

손짓
몸짓
손끝에 고인 저 한을
무엇으로 풀리오

쪽머리 비녀 꽂고
백색 치마저고리에
손가락 끝 감겨도는
하얀 수건머리 영혼의 숨소리를

깊은 몸놀림
휘도는 잰걸음 마디마다
안에서 우려내는
몸짓의 언어

풀고 맺으며 몰아친 정중동은
제집 찾듯 돌아와
한 마루 넘고
동중정 돌아 다음 마루 갈아탄다

어깨를 타고 가다 손목 끝에 풀어내는
마음의 사슬들
충만해진 기운은 쌓여 돈, 백색 수건 타고 내리고
애절한 무악장단(巫樂長短), 멈춘 거리다 끝낸다

모두 다 풀어 내시요
수건 끝에 감겨드는 맺힌 몸부림
한 사위 한 사위 빚어내는 슬픈 환희의 춤사위 극치
저 버선발의 디딤새여

소각된 아우성

- DMZ 제3 땅굴을 다녀와서

1

남방 분계선 넘어온
남한 땅 73m 깊이
지하 땅속

철조망에 아픈 허리
80년이 눈앞인데...

6월의 원혼들이 스며
펄펄 마그마로 끓고 있는 이곳인데...

발자국도
숨소리마저 죽여가며
둔탁한 화강암을 찍고 찍어 숨어 온 너희
어둠의 자식들

곡괭이에 생명줄 걸고
자유의 땅 속살을 파헤친
너는 누구며

안전모 헬멧 쓰고
너의 행적을 찾아 만나고 있는
오늘의 나는
또 누구인가

북은 어느 민족이고
남 또한 어느 민족이던가

그렇게 부르짖던 '우리민족끼리' 속셈은
너와 나 구분하는
피아였단 말인가

깊은 어둠의 땅굴에서
마주하는 너의 민낯을 본다

2

벽면에서
천장에서
화강암 상처를 핥기라도 하듯 망울져 내리는 지하수는
너의 땀방울인가
원망의 피눈물인가

헬멧을 타고는
발자국까지 적신다

북에서 멀어질수록 점점 더 죽여야만 했던 소리
곡괭이
발자국
한 뼘의 숨소리까지 소각하고

더 세차게 내리쳐야만 했던 곡괭이질의 가쁜 시간

화강암의 반항도 더 거칠어지고
저려오는 팔뚝 뒤에 어른대는 그림자
장막에 가린 사자(使者)로 서 있다
곡괭이를 놓는 날
생명 줄도 놓는다

3

1,635m 땅굴 길이, 숨김의 흔적
3만 명의 발자국을 시간당 남으로 찍어 보낼
긴 갱도, 도둑 길
내려오다 멈춰 선 여기, 서울이 잡힐 듯 52킬로

살아있는 너의 현재가
찾아온 우리들 현재가 되어 사방에 살아나
는 현상(顯像)

묻어두었을 뿐 소각되지 않은 소리가
아우성으로 되살아난다

바닥에서 솟고
벽에서 천장에서
흐느끼다
울부짖다
진정된 떨림의 육성이 된다

『아
대한이여
통일된 민족이 되라고 외친다
다시 올, 수천 년 역사에

아팠던 갱도 따라 맥박을 잇고
만지며
느끼면서 시작하라 한다

지구상 우리만이 지닌 현장에
세계인을 끌어들이는 관광지의 혼으로
되 남고 싶단다

하여
다시금 꽃피울
금속활자가 되고
거북선이 되고
훈민정음이 되어
인류를 이끌고
찬란한 대한민국의 새 초석이 되게
남고 싶단다』

너의 영혼과
6월의 원혼들이
드디어 만났구나
손잡았구나

아
대한민국이여

수염의 변신

옛날에

수염은

나이를 먹지만

오늘날

수염은

예술을 먹는다

시크라민 꽃대 곁에서

꽃잎도 성장을 거두고
모두를 비워 잠들어 버린 멈춘 계절
길어질 햇살만을 손꼽은 시간 어귀

계절을 잃었음은 아닌 것 같고
겨울을 꽃 칠하고픈
작심함이었던가

11월에 피웠던 꽃잎
2월인데도 그 모습 그대로다

화무십일홍(花無十日紅)도 빛바랜 옛말이던가

독차지할 수 있다면
한 번쯤 빠져들 수 있는 유혹

뽐냄
칭찬
유아독존
그 무엇도

사모하다 들켰던가
하얀 꽃 테 둘러
살짝 비비 꼬아 틀어 앉은
붉은빛 꽃 입술

예쁜 허리라인
긴 꽃대 자루 밀어 드니

숨막히는 고혹적인 꽃매무새
설레임까지 더한다

오션월드의 낙엽 편지

아이들처럼 화려하게
꽃 춤추는 분수 곁으로
오션월드에 낙엽이 내린다
남기기에 지금이 때 인양 거리를 휩쓸 기세

탱탱하던 햇살은 가고 10월의 끝물
적막한 산골에 가을이 진다

인부들의 가을은 낙엽걷이가 일손인가
훈풍기 바람 띄워 빗자루 대신하고
언덕배기 소나무 밑둥까지
사정없이 밀어친다

놀래 뛰는 낙엽들
참새떼 쫓기듯 자지러져 튀어 오르고

엄마 곁을 떠나는
아이의 앙탈진 이별의 몸부림인 양
초록빛 소나무 옆구리를
칭칭 감아 돌며 새파랗게 신음한다

묵히기에 너무나 짧았던
아쉬운 축제 시간
한가롭게 거닐기도 하고
한바탕 바람 안고 휩쓸고 싶었던 타버린 욕망

오션월드에 낙엽이 쓸린다
가을이 지나간다

정신 차리자

숭늉
어원은 한자에서 왔지만 체화된 우리 말이다
옛정 품은 정겨운 말
식후에 으레 마셨던 국민 음료
그 맛에 고향 생각까지 훔쳤던 선조들의 재치
가 묻어나는
구수한 뒷맛이다

커피
외국어지만 이제 누구나
우리말처럼 쓰는 일반어 되고
식사하고 손에 쥐는 자연스러움까지
도시농촌이 없다 코끝을 자극하는
어른거리는 향이 첫맛이다

입가심으로 마셨던 밥상머리 숭늉 너머
거리까지 휩쓸며 점령하는 커피
거침없는 행보다
입가심 딛고 너와 나
관계를 맺는 문화가 되고

길 잃은 숭늉
웬걸
한바탕 격돌도 견제구도 날릴
기력마저 붕괴되고
외롭고 초라할 뿐

어쩌랴
물기 말리고 앉은
누룽지 꿈이라도 꾸어볼 뿐

정신 차리자

처음이란

처음이란
동화 속 같은
두근거림이 있다

때로는 두렵기도
때로는 기대했던 콩닥대는 환상이 살아나
속살거리 듯하다가
홀가분하게 현실로 다가서기도

긴 시간 장대 끝에 걸린 생각을 채워왔던
도깨비 뿔이
선한 양의 뿔로
자리바꿈하며 앉아 있기도 하지만

그래도 뒤돌아보며
또다시 그려보는
처음이란 말에는
설레임의 뒷전에 품고 있는 미지의 갈증이어라

첫돌의 향기(Yoon Seo)

서 운(瑞 運)

푸르게
짙푸르게
여름 색 숲을 꾸리고
왕성한 밤꽃 향기
충만의 하룻날

2017년 정유년 6월 14일
음력 5월 20일
마구 뛰는 가슴은 진정되지 못하고
무척이나 길었던 날

한란(寒蘭)의 축복까지 더하는가
지난겨울 향기를 다하고 꽃잎을 닫더니만
여름 란(夏蘭)에 몸을 빌려 아침에 밀어 올린
뜻밖의 꽃대 3개

찬란한 여름을 놓칠세라
뒤덮고 싶은 욕망일까
장대하게 몰려오는 기운에 절인
팽팽한 난의 긴장감일까

세상을 향하여 너울처럼 출렁일
끝없이 피워낼 너의 향기일 게다

축 복(祝 福)

염원은
두 손 모은 마디만큼 값지게 온다
기적이 되듯이

얼마의 과속은 기다림의 보상이었다
몇 발자국 빠른 보폭이
만나고 싶었던 마음속 충일일진대
잠시간 못 본들 어쩌랴
100년 세월 살아갈
휴식 같은 기다림

의사의 표정 너머로 너를 찾아 읽었던
짧은 몇 날 긴 호흡의 초조
시간은 두근거리고

지나고
황홀한 만남

무엇이 이 세상에서
이처럼 뜨거울까
무엇이 이 세상에서
이만큼 가슴 뛰게 설레일까
성공, 사랑, 그 뒤에 따르는 환희일까

어디에도 견줄 수 없는
무한대로
솟구치는
새 생명의 축복일 뿐이어라

축 하(祝 賀)

하여 1년
오늘 첫돌이구나

누워만 있더니 어느 날 덮치고
긴다고 하더니만 어느새 잡고 서서
보란 듯 옆으로 걷는다
무슨 말인지 다 알아차리고
짓는 표정까지도 놓치지 않고서
너만이 아는 언어로 말하고 있다
너만이 아는 표정으로 대답하고 있다

장하다 지나온 1년 한 살은
참으로 위대했다
모두가 새로운 처음 맞는 일들이건만
해냈구나
정말 고맙다

막이 오를 때마다
기대와 흥분 서린 객석의 관중처럼
감춰 놓은 절경을
한 모퉁이 돌 때마다 슬그머니 꺼내 드는 설
악의 신비처럼
너의 행동 하나 더 할 때마다
탄성과 흥분으로 행복했단다

매일 올라오는 너의 모습은
카톡 방을 채웠고
집에서나 이동할 때나
꺼내 보고는 끼리끼리, 때론 혼자서
킥킥대고 웃었단다
달콤한 축복이었다

미 래(未 來)

광활한 지평
드넓은 바다
끝 모를 파란 하늘

경계는 없다
무한대다
너의 세계다

펄 벅 여사는 중국 대지를 품었고
박경리 선생님은 하동 땅 토지를 일구었지만

무한대
밤하늘 빛 고운 저편 우주까지
발자국이 영역이 되고
머무르는 곳이 영지가 되리라

큰 걸음으로 걸어다오
건강하게
흥미롭게
위대하게

옛정 어린 골목길

돌담에 기대선 양철 대문
철거랑 소리 나면 *독구 꼬리 먼저 치고
옛 생각을 입히니
정감이 뒤따른다

술래를 알고나 있듯
맨드라미 키 세워
돌담 넘겨 웃고 있는
옛 그림자 냄새 풍겨 나는 곳

이리저리 번지다 가도
끝자락에 다시 하나로 모여드는 골목길
이웃이 돋아나고
정이 맺어지는 이음매다

회로처럼 구불거리지만
정겨움은 회로 타고 흐르다
이웃의 잔치가 우리 집 잔치가 되는

돌담과 돌담이
육신을 보태어 지어 놓고
마주 보며 정을 나누어 갖는
옛정이 살아 있는 골목 거리
그때 그곳이다

* **독구** : 영어 dog의 경상도 방언

키위 한 상자 긴 이야기

첫 등단 행사로 밤늦은 귀가
현관 앞에 놓인 웬 상자 하나

'경남 통영시 라○순'
'라○순 ?,,,,,,,,,,,,,,,,,,,,!'

그렇다, 제자다
40년이 훌쩍 넘은 세월
대학을 졸업하고 첫 부임했던 초등학교, 제자
몇 해 전 자기 졸업 기수들이
총동문회 주관 기수라고 해서
퇴직 후 처음 한 번 다녀왔던 만남
반사적으로 스마트폰에 저장된 이름을 꾹 눌렀다

"키위 600주를 심어 첫 수확한 결실
그리운 분들께 조금씩 보냈단다"

왈칵 옛 생각이 살아나 상자 곁을 맴돈다

그 그리운 마음속에 소록소록 나도 담겼다니
더욱이 등단 첫날 행사의 잔잔한 여진으로 귀
가한 밤
첫 수확의 결실과도 만나
맞춤 같이 같이한 축복의 아련함
반세기 가까운 세월 너머에 있었던 어렸던 아동이
그 까만 시간을 훌쩍 이어 보낸 선물 상자 하나

그렇다 싱싱한 키위다
굵은 알의 키위들이
올망졸망 빼곡히 모여 앉은 상자 안

삼삼오오 모여 앉아 왁자지껄 떠들던
어린 시절 교실 안 그들의 옛 모습과도 너무나
닮았구나

건강하고 풋풋하게
잔털도 보송보송 돋아나 있고
모체에 매달려 단 젖을 빨았을 꼭지는
너무나도 흡사한
초등학교 어린 시절 그들 배꼽 모습이다

하나씩 옮겨 담으니
그들 얼굴 하나하나가 키위와 맞춰진다
"너는 작지만 토실토실하니
칠판지우개 잘 털던 앞 좌석 그 녀석이고"
"너는 타원형에 예쁜 미소를 지녔으니
라○순이구나"

아 잊고 있었던 세월
그 긴 물리적 시간은 없어진 것도
그냥 지나친 것도 아닌
싱싱한 키위처럼 자라 농축된 반세기 전의 그

리운 자락들이
단숨에 내 곁으로 모두 와 쏟아져 나오구나
아득한 과거의 시간과 긴 이야기
절제할 수 없이 먹먹해 오는 가슴
저리고

통영 앞바다
파아란 갯내음
청정 해원을 쓸고 온 갯바람이
제자의 땀방울을 끌어안고 함께 키웠을
푸른 알갱이의 결실
그 속에 녹아 자란 반세기 가까운 농축된 먼 그
리움이
단단하게 열매로
인연의 끈을 뜨겁게 고정하고
긴 세월 안고 살았구나

지금 내 앞에 풀려나오는
압축된 시간들
키위를 얼싸안고
용암처럼 분출한다

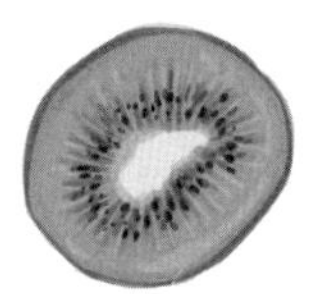

하루살이 일생

태어나
성충이 되어 후손까지 남긴 세월
긴긴 여정 지나
이제 마감해야 할 멀었던 일생, 저녁 여유

아득한 지난 생애
가위 누름처럼 짓눌러온
지난함도 있었겠지만
그래도 단 한 차례 비바람 없는
오늘은 쾌청한 하루였다

100살 살이
누구는
간밤의 술자리 끝에
진종일 침대 잡고 뒤척이다
맹물만 들이키며 보낸
한 줌의 시간이지만

맑은 날 태어나 붉은 태양 곁에
부지런히 살다가는
너는
축복으로 꽃피운
일생의 긴 여정

서산 노을도 묻혀가고
어둠이 내린다

다가선 마지막 시간
부디 다음 생에 환생한다면
하루살이만 아니길 손길 모은다

탈속의 환상

국회도서관 5층 창가에 앉았노라면
창틀에 꿰여 도는 창밖 세상이 밟혀 든다

훤히 뚫린 창 너머
물의 축이 파문처럼 일고
머다랗게 지하철이
합정역 표시판 된 듯한
주상복합 높이 따라

연신, 행렬 이어
가고 오고
또 오가고

하루해 마중하다
노을 물 흠뻑 뒤집어쓴 성산대교
퍼덕대는 날개만 벌겋게 젖어 있다

건너
돌아 나온 강변북로엔
오늘도 그대로
느릿느릿한 차량들
한숨 소리 건너오고

틈 없이 채워가는 바깥 하루가
검붉어지는 노을 사이로 한층 더 탁해진다

분주한 창밖의 일상들

한가로운 숨 고르기
탈속한 도인처럼 앉아
속세 보듯 내다본다

거기에는
나는 없다

온북스
ONBOOKS